K. E. O. Fritsch

# Denkmaeler deutscher Renaissance

Vierter Band

K. E. O. Fritsch

**Denkmaeler deutscher Renaissance**
*Vierter Band*

ISBN/EAN: 9783337856311

Hergestellt in Europa, USA, Kanada, Australien, Japan

Cover: Foto ©Thomas Meinert / pixelio.de

Weitere Bücher finden Sie auf **www.hansebooks.com**

# DENKMAELER

## DEUTSCHER

# RENAISSANCE

HERAUSGEGEBEN

VON

## K. E. O. FRITSCH

800 TAFELN MIT ERLAEUTERNDEM TEXT

### VIERTER BAND

## BERLIN

VERLAG VON ERNST WASMUTH

ARCHITEKTUR-BUCHHANDLUNG

35 — MARKGRAFENSTRASSE 35

1891.

EL MADRID DE SEGISMUNDO EN EL FINES XIX    ARCHITECT: PALACIO DE LA STELLA

FÜRSTL. SILVA MENI BRTSCH                    MALTRAIN

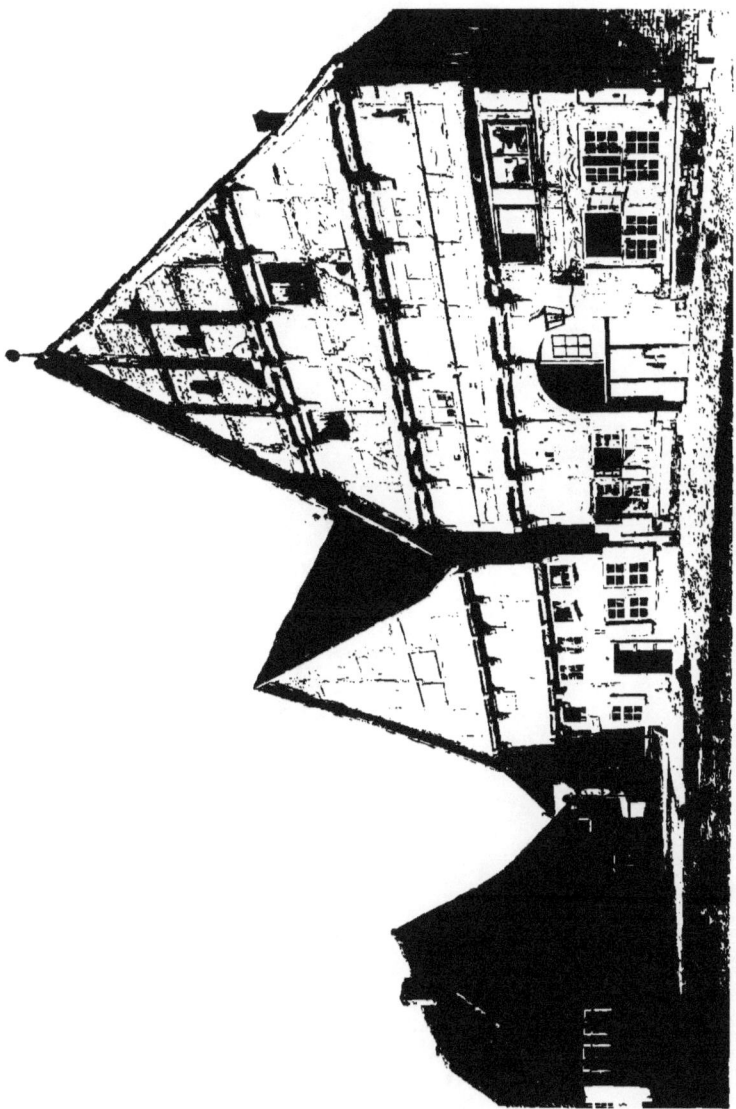

RATHAUS ZU ROTHENBURG O. D. TAUBER 1579—1580
ARCHITEKT L. WOLF

PORTAL ... DER HÄUSER ... D.HENSON ... TADLER ... ARCHITEKT ... WOLF

HÄUSER AN DE...                  ...AUS...        ...N 1780
                    VIII

HAUS ZUM RITTER IN SCHAFFHAUSEN

MALEREI VON TOBIAS STIMMER 1570

HAUS DER SCHMIEDEZUNFT ZU SCHAFFHAUSEN

HAUS ZUM SITTICH IN SCHAFFHAUSEN

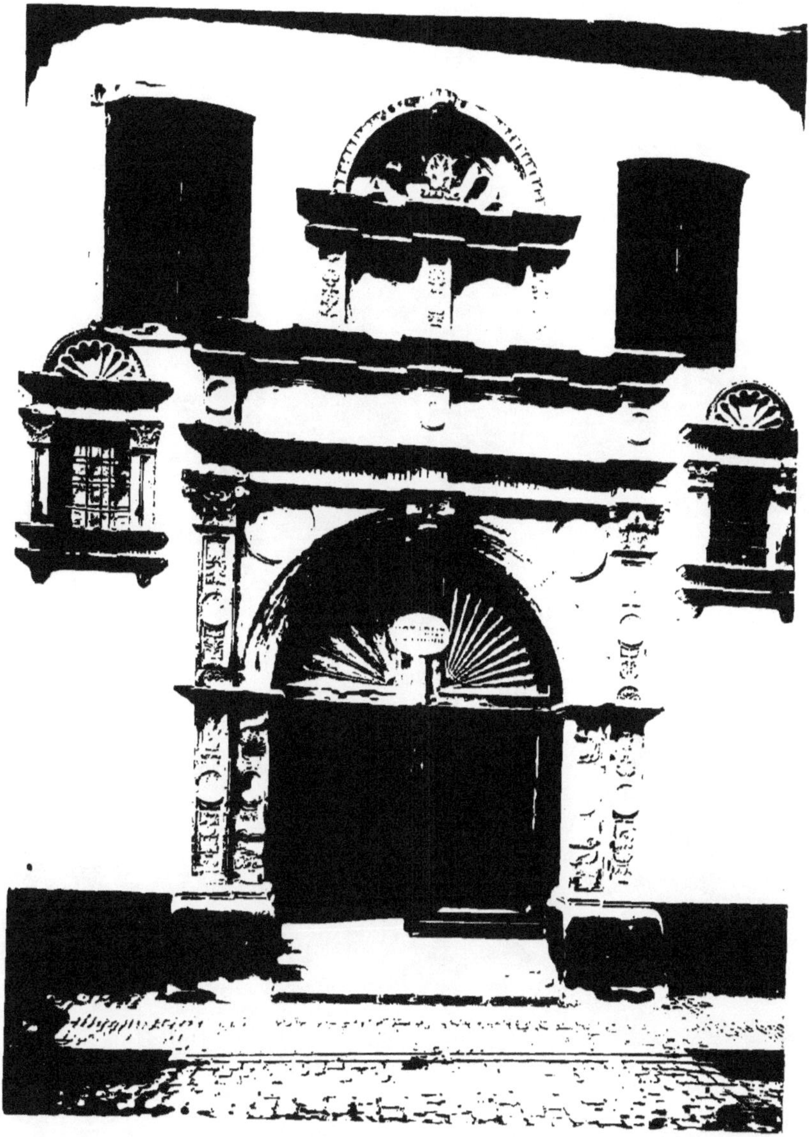

7        8

BRUNNEN IM SCHLOSSHOFE ZU STADTHAGEN

DETAIL DES HOCHALTARS U. A. ZU HOLNSTEIN UND PERLACH ???
IN DER PFARRKAPELLE ZU STADTBACH ?

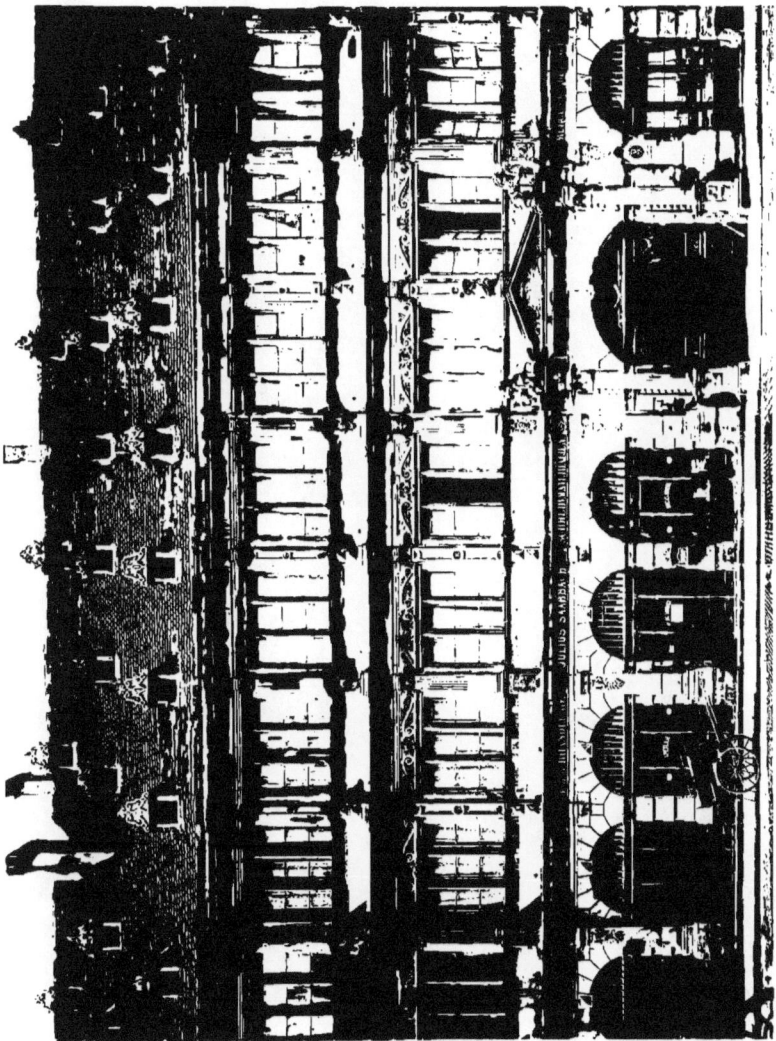

DENKMAL DER GRAFEN VON WÜRTTEMBERG IN DER STIFTSKIRCHE ZU STUTTGART

TREPPENTURM AM ALTEN KANZLEIGEBÄUDE ZU STUTTGART 1566
ARCHITEKT WENDEL DIETTERLIN

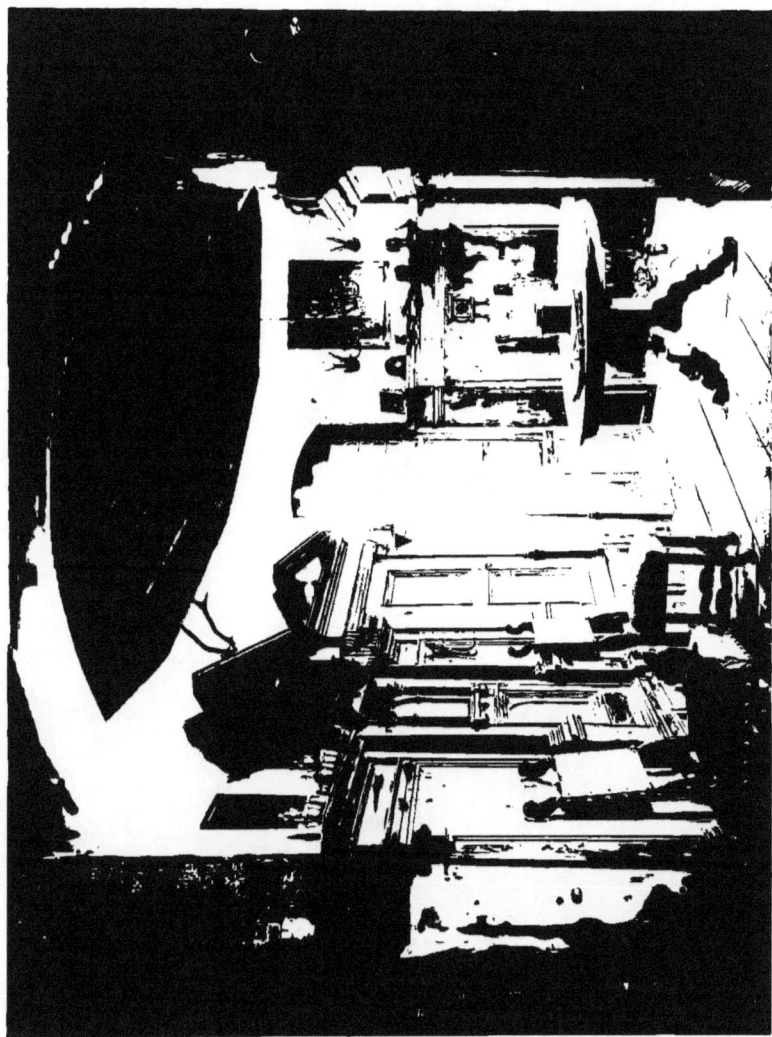

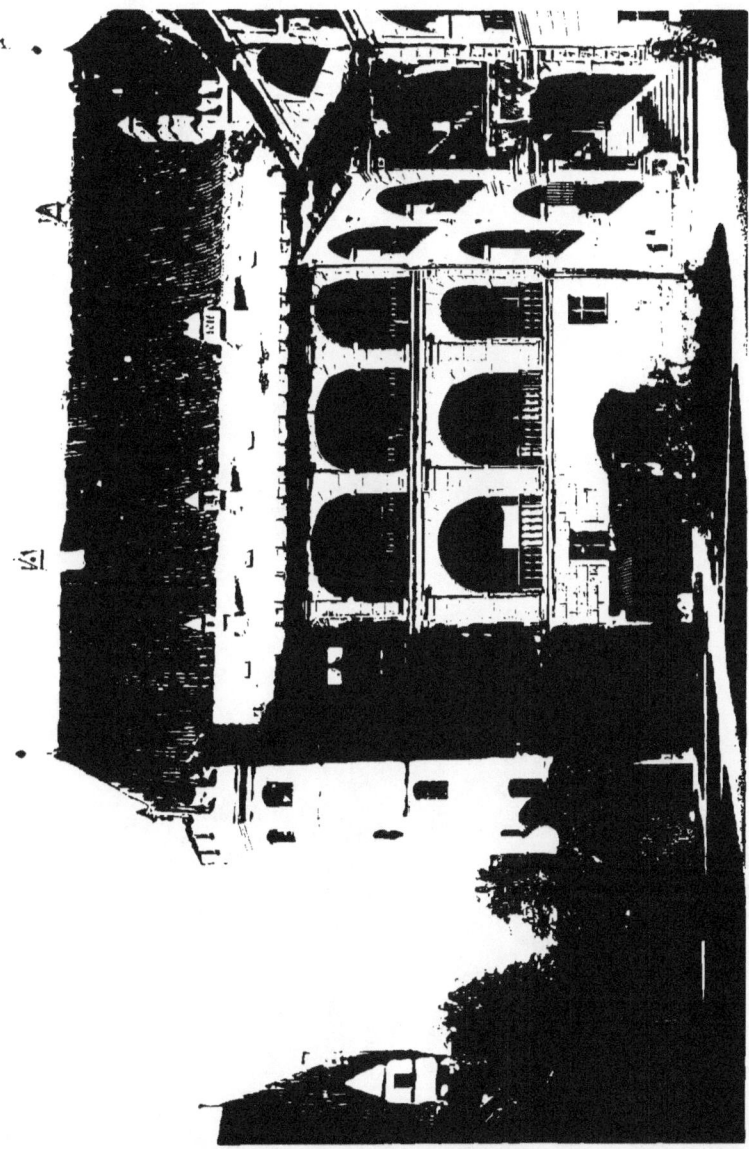

BURG TRAUSNITZ BEI LANDSHUT I. B.

ZIMMER DER HERZOGIN IM HAUPTGESCHOSS DES WESTBAUS

HAUPTPORTAL ZUM INNEREN HOFE DES SCHLOSSES VON TÜBINGEN GEGEN 1...

PORTAL IM HINTERN SCHLOSSHOF · VON TÜBINGEN GEGEN 1540

SAKRAMENTSHÄUSCHEN IM MÜNSTER ZU ÜBERLINGEN. 113

THÜREN IN EINEM SEITENPORTAL DES MÜNSTERS ZU ULM

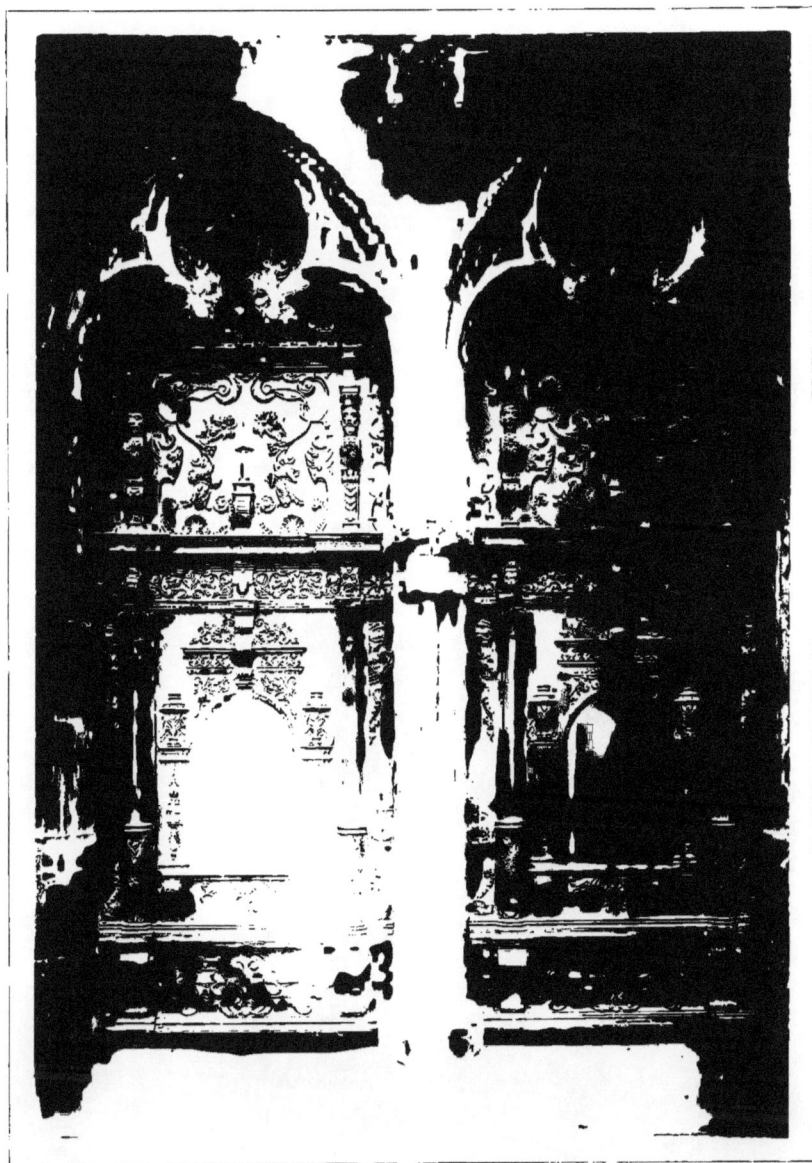

Herausgeg. v. K.E.O Fritsch

Lichtdruck v. Romptler & Jonas Dresden

THÜREN IN EINEM SEITENPORTAL DES MÜNSTERS ZU ULM

Verlag v. Ernst Wasmuth Berlin

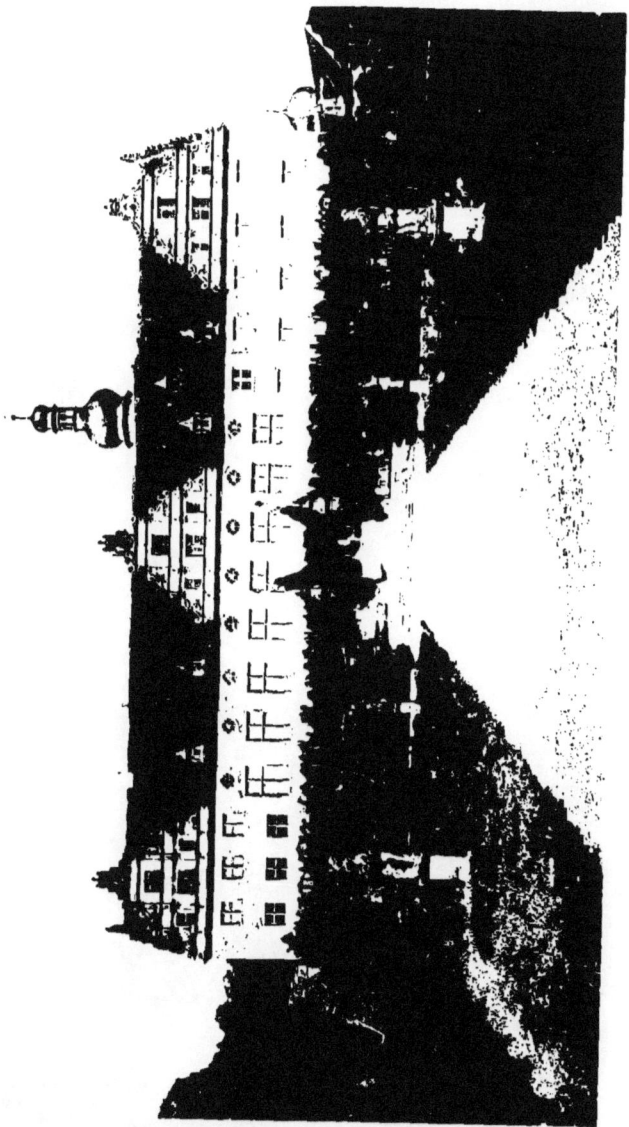

SCHLOSS ZU WIESBADEN
AUSSERE ANSICHT

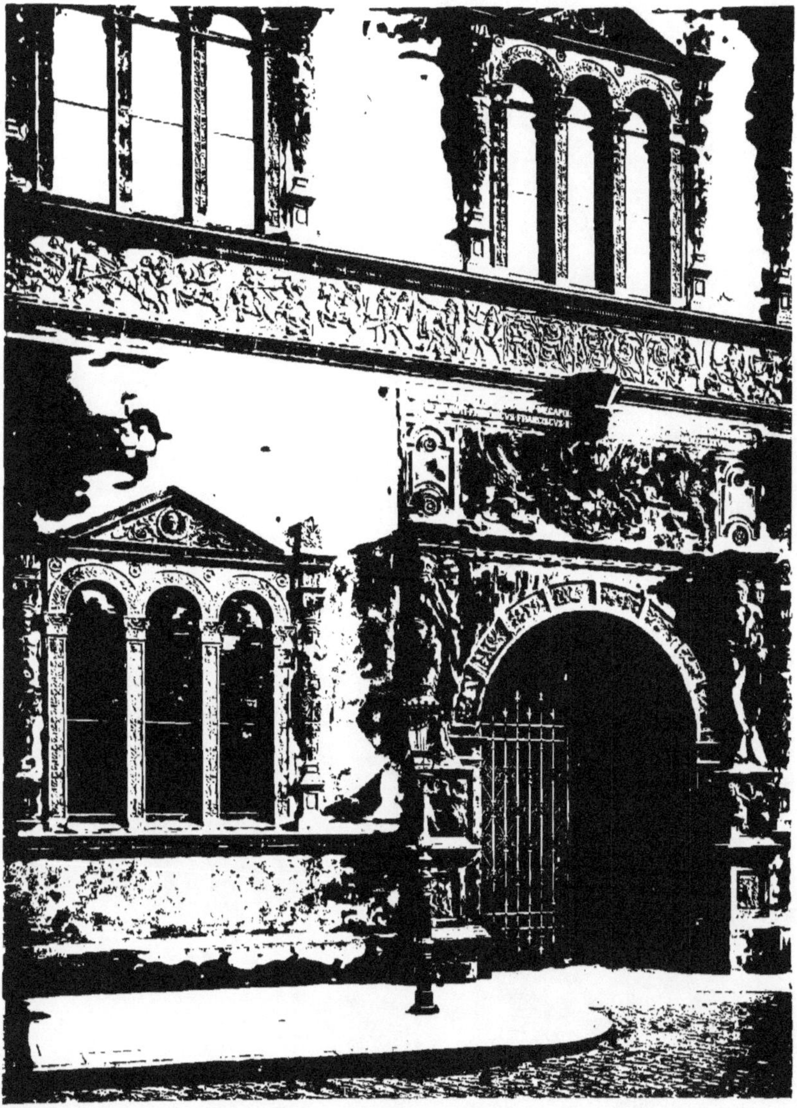

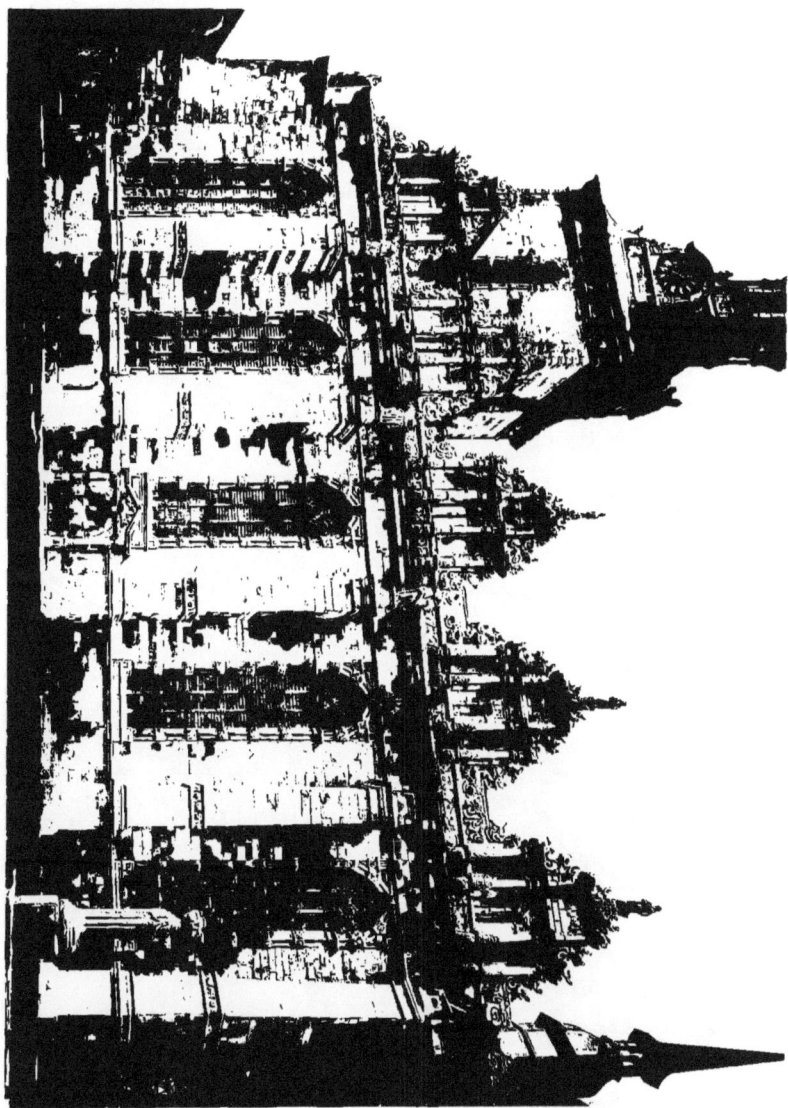

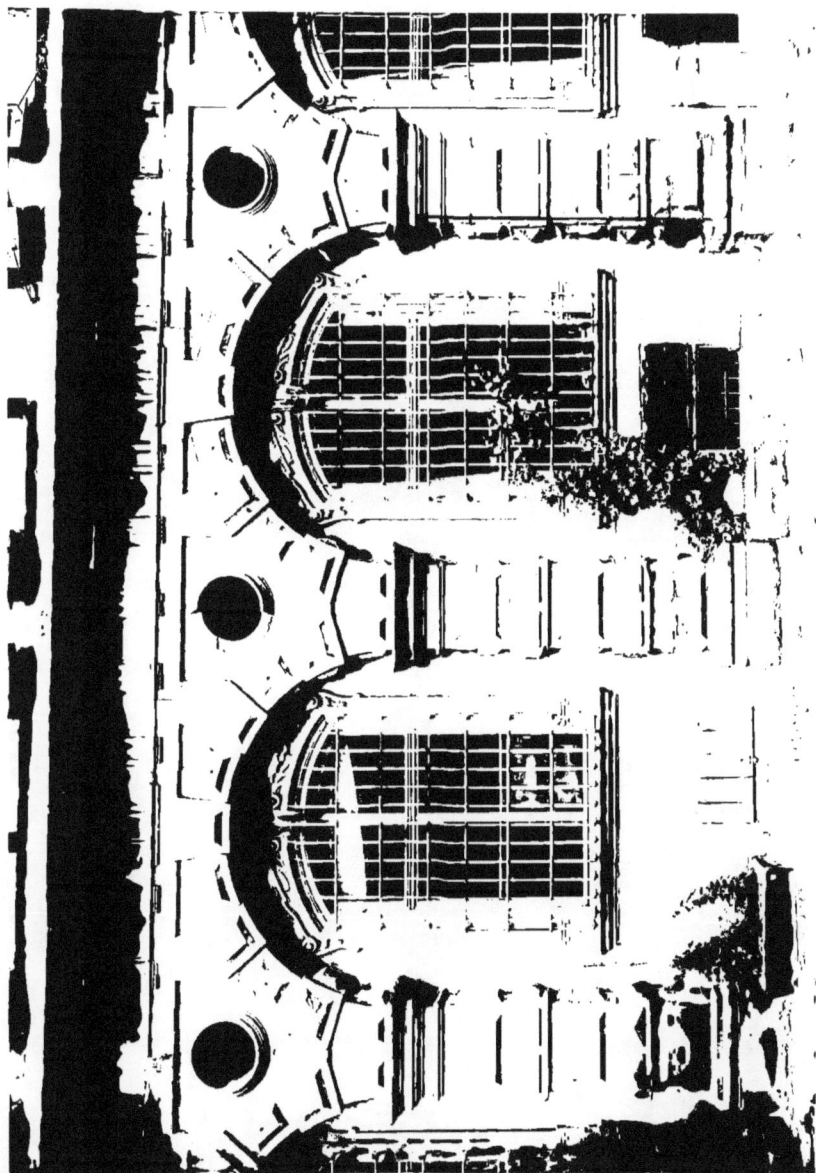

VOM RATHHAUSE ZU WÜRZBURG — ANF. XVI. JAHRH.

www.ingramcontent.com/pod-product-compliance
Lightning Source LLC
Chambersburg PA
CBHW030851270326
41928CB00008B/1320